MONTESSORIS
KOSMISCHE ERZIEHUNG

Die Entdeckung einer globalen Vision und einer
kosmischen Aufgabe durch das Kind

SUSAN MAYCLIN STEPHENSON

Was [Montessori] kosmische Bildung *nannte, hatte zum Ziel, die universale Kooperation zu fördern, was wiederum die Demokratie stärken und letztendlich eine neue Welt erschaffen würde. Diese theoretische Annahme bildet den Nährboden für eine Ökopädagogik – oder auch Erziehung zur Nachhaltigkeit – eine Disziplin, die all jene erzieherischen Praktiken umfasst, die die Wertschätzung des kollektiven Potentials der Menschheit fördern und kulturell relevante Formen von Wissen und ethischen Prinzipien schaffen, begründet auf dem Respekt vor allen Lebensformen.* [Ökopädagogik] *umfasst heutzutage auch verwandte Ideen eines globalen Bewusstseins und das Engagement von Schülern und Studenten gegen die sozialen, politischen und ethnischen Auswirkungen von weltweiten Problemen. In diesem Zeitalter des ökologischen Niedergangs im 21. Jahrhundert und gleichzeitig einer wieder aufkommenden sozialen Verantwortung gegenüber der Umwelt durch eine weltweite Jugendbewegung, spielen Montessoris Bildungs-Projekt und ihre politische Agenda eine größere Rolle denn je.*

—Erica Moretti, *The Best Weapon for Peace, Maria Montessori, Education, and Children's Rights* (p 207)

*Da es als notwendig erachtet wird, dem Kind so
viel mitzugeben, lasst uns ihm doch gleich eine
Vision des ganzen Universums vermitteln. Das
Universum ist eine eindrucksvolle Gegebenheit und
zugleich eine Antwort auf alle Fragen. Diesen
Lebensweg bestreiten wir alle gemeinsam, denn alle
Dinge sind Teil des Universums und miteinander
verbunden, um ein großes Ganzes zu bilden. Diese
Vorstellung hilft dem Kind, sich geistig zu verorten
statt ziellos umher zu wandern auf der Suche nach
Wissen.*

*Er ist zufrieden, da er sein universales Zentrum
inmitten aller Dinge gefunden hat.*

—Montessori, *To Educate the Human Potential*

*Das Kind wird eine Art Philosophie entwickeln,
die ihm die Einheit des Universums lehrt. Genau das
hilft ihm, seine Intelligenz zu ordnen und ihm einen
besseren Einblick in seinen Platz und seine Aufgaben
in der Welt zu vermitteln.*

—Montessori, Internationale Montessori-Konferenz.
Amsterdam, 1950

IV

INHALTSVERZEICHNIS

VORWORT

Susan Mayclin Stephenson packt ein großes Thema an, die **kosmische Erziehung,** *welche Montessori definierte als eine "vereinheitlichende globale und universale Sicht auf Vergangenheit, Gegenwart und Zukunft". Stephenson führt den Leser von der Geburt bis zum Ende des Grundschul-Alters mit Beispielen, wie das Kind in ein Verständnis der kosmischen Erziehung hinein wächst durch Erfahrungen zuhause und in der Schule. Ein zentrales Thema ist dabei die Entdeckung der eigenen kosmischen Aufgabe, welche die „Förderung von Neugier und Mitgefühl für andere Lebewesen" zur Voraussetzung hat.*

Stephenson schließt mit Beispielen aus aller Welt und verdeutlicht, wie Kinder mit dieser Neigung zum Mitgefühl geboren werden, und wie dies im Montessori-Umfeld von Geburt an erlebt wird.

—David Kahn, North American Montessori
Teachers' Association (NAMTA)

Dr. Maria Montessori war eine aktive und engagierte Unterstützerin von Initiativen für Frauenrechte und Frieden. Als sie die unerwarteten und außerordentlich positiven Reaktionen von Kindern auf ihre Methoden beobachtete, erahnte sie das Potential dieser Art von Erziehung als einen Weg zur konsequenten Umgestaltung der Gesellschaft – nicht durch das Auferlegen akademischer Vorgaben, sondern dadurch, die Entwicklung von Geist, Körper und Seele jedes Kindes gemäß seinem individuellen Potenzial und seiner Entfaltung zu fördern.

In der Montessori-Pädagogik lernt die Lehrerin, Theorie und Praxis, das Esoterische und das Pragmatische, in einem fortlaufenden Prozess zu verschmelzen. Sie ist zunächst vor allem Beobachterin; später, wenn geschult im Erkennen von Entwicklungsstufen und individuellen Bedürfnissen, wird sie zur Ermöglicherin weiterer Erkundungen.

—Susan Mayclin Stephenson, *Please Help Me Do It Myself, Observation and Recordkeeping for the Montessori Primary and Elementary Class* (page 6)

KOSMISCH - EINE DEFINITION

KOSMISCHE ERZIEHUNG

Das Wort "kosmisch" deutet heutzutage im normalen Gebrauch auf etwas sehr großes oder mit dem Universum zusammenhängendes. Aber das Wort kommt vom griechischen *kosmikos*, abgeleitet von *kosmos*, und bedeutet Ordnung. In der Sprache von Montessori verweist der Begriff Kosmische Erziehung auf eines Kindes allmähliche Entdeckung von Ordnung, und damit einer vereinheitlichenden globalen und universalen Sicht auf Vergangenheit, Gegenwart und Zukunft. Hier kommen – wie in einem Mosaik - viele Wissens-Komponenten zusammen in einer Gesamt-Vision oder Erkenntnis der Wechselwirkungen verschiedener Elemente des Sonnensystems, der Erde, der Pflanzen, Tiere und Menschen. Die prägende Charakteristik unserer Zeit wird oft als Informations-Zeitalter bezeichnet. Kinder werden bombardiert mit Fakten und Informationen ohne jeden Plan, wie man das alles in eine Sinn-gebende Ordnung bringen soll. Kosmische Erziehung hilft dem Kind, Sinn darin zu finden und ist heute relevanter als je zuvor.

DIE KOSMISCHE AUFGABE

Der Begriff *kosmische Aufgabe* bezieht sich auf den Weg, wie der Mensch im Mosaik des Lebens eine wertvolle Rolle finden kann, eine Rolle, die die eigenen körperlichen, geistigen und spirituellen Bedürfnisse erfüllt und gleichzeitig zur Herstellung von Ordnung oder Gleichgewicht im Kosmos beiträgt,

3

also einen persönlichen Ausdruck und eine Verantwortlichkeit in diesem wunderbaren Mosaik des Lebens einzunehmen. Kurz gesagt, wir wollen dem Kind dazu verhelfen, seine Welt zu erkunden und sie besser zu verstehen und damit einen Weg zu finden, sie zu einem besseren Ort zu machen.

Diese Prinzipien der Montessori-Pädagogik werden normalerweise der zweiten Ebene der Entwicklung zugeordnet, den Jahren 6-12. Jedoch sie sind von Dr. Montessori nicht als akademisches Curriculum nur für das Kind im Grundschulalter erdacht. Wie immer „folgte sie dem Kind" und den Interessen des Kindes. Insofern beginnt dieses Konzept nicht erst mit sechs Jahren, sondern bleibt relevant ein Leben lang.

Es ist diese Vision von unteilbarer Einheit, bestehend aus Energie, aus Himmel, aus Steinen, aus Wasser, aus Leben, aus Menschen im Erwachsenen- und Kindesalter, die dem Denken Montessoris einen Anstrich von kosmischer Größe verleiht. Dieser kosmische Gedanke zieht sich durch Montessoris gesamtes Werk, sowohl durch ihr Denken als auch ihren pädagogischen Ansatz hinsichtlich aller Entwicklungsebenen und Phasen des Menschen: von einer gewaltfreien Geburt über die Gemeinschaft der Neugeborenen, bis zur Casa dei Bambini, zur Grund- schule, und bis hin zu der Erdkinder-Gemeinschaft für Jugendliche.

Diese kosmische Vision gehört demnach ganz klar mit Recht zum Gesamtkonzept der Montessori-

Bewegung; sie ist in der Tat unser Schlüssel zu einer gemeinsamen Ausrichtung und einem gemeinsamen Ziel unserer Arbeit.

—Camillo Grazzini, 'Maria Montessori's Cosmic
Vision, Cosmic Plan and Cosmic Education'
Conference Proceedings, Paris 2001

DIE WELT KENNENLERNEN

REALITÄT UND FANTASIE

Es ist recht normal, als Eltern und Erzieher hin und wieder Ablenkung zu suchen von unserem alltäglichen Haus- und Arbeits-Leben. Wir tun das mit Büchern, Filmen, Spielen, Kostümen und auf vielfältige andere Weise. Für Kinder ist jedoch die Bedeutung von Realität und Fantasie eine andere, und sie ändert sich gemäß der Entwicklungs-Phasen auf dem Weg zum Erwachsensein.

Für den Großteil der ersten sechs Jahre des Lebens sind Kinder ebenso fasziniert von der Realität wie wir es sind mit unseren Ablenkungen. Sie glauben alles, was wir ihnen erzählen, alles, was sie in Bilderbüchern sehen, und all die Geschichten, die wir ihnen erzählen oder zur Gutenacht vorlesen. Sie lieben es, wenn wir ihnen interessante oder lustige Geschichten erzählen von Dingen, die uns selbst in ihrem Alter passiert sind. Sie wollen die Namen von realen Tieren wissen, was sie essen, oder andere interessante Tatsachen. Sie schätzen realen Sprachgebrauch, so detailliert wie möglich, und wie das mit der Welt korrespondiert, die wir mit ihnen teilen. Etwa im Alter von vier oder fünf Jahren beginnen sie, zwischen Realität und Fantasie unterscheiden zu können und fangen sogar an, Geschichten zu erfinden. Aber selbst in diesem Alter interessiert sie die echte Welt um sie herum mehr als sprechende Tiere oder irgendwelche anderen Anthropomorphismen oder Fantasien.

Selbst nach dem sechsten Lebensjahr, wenn der Gebrauch der Vorstellungskraft wirklich in den Vordergrund rückt, bleibt immer noch ein großes Interesse daran zu verstehen, wie das Universum und unserer Planet entstand, wie Pflanzen und Tiere sich im Laufe der Zeit geändert haben und sich immer noch ändern, warum und wie in frühen Zivilisationen Geometrie entwickelt wurde. All diese realen Fakten fließen hinein in ihre Vorstellung, wie die Welt noch werden könnte.

Bei älteren Kindern und jungen Erwachsenen trägt die Tatsache, in der Realität geerdet zu sein und so viel über die Welt zu lernen, dazu bei, ihr Vorstellungsvermögen und die Fantasie zu der Überlegung zu nützen, wie aus der Vergangenheit Gelerntes wegweisend sein könnte für die Zukunft. Evidenzbasierte Information, gepaart mit der Fähigkeit zu kreativem Denken, kann zu Lösungsansätzen für vielerlei Probleme führen: soziale, mechanische, wissenschaftliche, politische, medizinische – viele verschiedene. Je mehr man darüber weiß, wie die Welt funktioniert und wie sie entstanden ist, umso wertvoller werden die Lösungen.

WAS WIR VON UNSEREN KINDERN LERNEN KÖNNEN

Wenn wir Erwachsene damit anfangen, z.B. mit unseren Kindern in der Bibliothek eine Auswahl von schönen Bilder-Sachbüchern auszusuchen, weil wir ihr Interesse bemerken, Geschichten aus unserem eigenen Leben zu hören, öffnet sich eine unerwartete neue Realität vielleicht auch für uns, und wir beginnen, die Schönheit und Vielfalt unserer Welt neu wertzuschätzen, und zwar im Hier und Jetzt.

Dieses Interesse an der realen Welt und die Erkundungen, die Kreativität und die Problem-Lösungen, die daraus entstehen, gehören zu den wertvollsten Erlebnissen einer Montessori-Lehrerin, da wir stets mit unseren Angeboten den Interessen der Kinder folgen und dabei ihre Freude an der realen Welt teilen.

DIE WELT, GEBURT BIS 3 JAHRE

Am Anfang des Lebens ist die wichtigste Umgebung das Zuhause, und die wichtigste Gemeinschaft ist die Familie. Obwohl es scheinen mag, dass ein Säugling während dieser ersten Tage, Wochen, Monate die meiste Zeit mit Essen und Schlafen verbringt, passiert doch eigentlich viel mehr. Dies ist die Zeit, in der die reale Welt der Familie während jeder wachen Stunde erforscht wird. Wir sind die reale Welt; wir werden beobachtet, uns wird zugehört und von uns wird gelernt.

Wenn wir an die *kosmische Aufgabe* des Einzelnen als Teil einer größeren Gesellschaft denken, dann muss uns klar sein, dass die Familie die erste Gesellschaft ist, die erste soziale Gruppe, eine Schablone für alles was folgt. In diesen frühen Tagen, Wochen, Jahren zuhause beginnen die ersten Lektionen von menschlicher Interaktion.

Befriedigen wir unmittelbar die physischen Bedürfnisse des neugeborenen Kindes, so dass es sich sicher und umsorgt fühlt? Beziehen wir es physisch während des Tages in unseren Raum ein, so dass es uns sehen und hören kann? Lernen wir, es zu beobachten, so dass wir wissen, was jene frühen Laute (die erste Sprache) bedeuten können? Sind wir in der Lage, die Entwicklungsphasen von Sprache, Körper, Hand zu erkennen, so dass wir Beschäftigungen anbieten können, die die Bemühungen des Kindes unterstützen – urteilsfrei und ohne Vergleich mit anderen Kindern? Dies sind einfache Fähigkeiten, die aber weitreichenden Einfluss darauf haben, dem Kind Vertrauen in die Welt zu geben, die Zuversicht, sich frei zu bewegen und zu erforschen sowie Vertrauen in sein einzigartiges und authentisches Selbst.

Von den ersten Lebenstagen an erkundet ein Kind seine Umgebung über das Sehen, Hören, Riechen, Schmecken und Berühren. Die Neugier bleibt ein starkes Bedürfnis im ganzen Leben, wenn sie geschützt und gefördert wird. Seit dem „Assistants to Infancy" Programm in Rom 1947 ("Kindheits-Assistenten", pränatal bis 3 Jahre) sind Eltern angeleitet worden, eine fördernde Umwelt zu schaffen, die diese Neugier unterstützt und nährt. Es wird empfohlen, die Umgebung des Kindes nach Möglichkeit im ersten Lebensjahr nicht zu ändern.

Vom Beginn des Lebens an können wir zuhause wie auch in unseren Gemeinschaften eine sichere Umgebung anbieten, wo das junge Kind die reale Welt erforschen kann.

Das Kind erforscht die Ordnung dieser Umgebung, seiner ersten Welt, visuell vom ersten Tag an. Es hat den Drang, sich auf Objekte zuzubewegen und sie zu untersuchen, aus ihnen schlau zu werden, und dies befördert einen starken Impuls, das Krabbeln zu lernen, zu stehen und zu gehen.

Wenn das Kind zunächst noch auf dem Bauch liegt und in der Lage ist, nach Spielzeug zu greifen, kann die Erwachsene seinen Forscherdrang unterstützen, indem sie das Objekt so weit weg stellt, dass es das Kind zwar nicht frustriert, aber auch nicht so nah, dass es ohne Anstrengung erreichbar ist.

Die Gabe, aufmerksam zu beobachten, um den Bedürfnissen des Kindes gerecht zu werden, ist unverzichtbar und bleibt für das ganze Leben nützlich. Heute entwickeln die Montessori *assistants to infancy (Kindheits-Assistenten)* sowie Eltern auf allen Kontinenten diese Fähigkeit und lernen über die Bedeutung der frühen Jahre der menschlichen Entwicklung. Mehr und mehr wird diese wichtige Arbeit durch die Forschung von Psychologen und Neurowissenschaftlern bestätigt, die entdecken und uns berichten, wie wichtig es ist, das Kind in diesen frühen Tagen und Monaten zu verstehen.

DIE WELT, 3 BIS 6 JAHRE

Gelegentlich reicht die Welt des Kindes in diesem Alter über den Kreis der Familie hinaus in einen Kindergarten oder eine Montessori Vorschul-Klasse. Die Welt wird in diesem Alter in die Klasse gebracht, statt dass das Kind hinaus in die Welt gebracht wird. Wir glauben nicht daran, das Kind zu früher Beschäftigung mit intellektuellen Studien zu treiben. Wenn es jedoch richtig geschieht, zeigen junge Kinder ein überraschendes Interesse an einem breiten Spektrum von Themen. Manchmal ist das schier unglaublich; das habe ich am eigenen Leib erfahren.

Während meiner Arbeit als Montessori *Assistant to Infancy* beriet ich eines Tages eine Mutter aus Süd-Afrika über die Erziehung ihres Neugeborenen. Als wir über die Montessori-Prinzipien sprachen, die den Hintergrund meiner Aussagen bildeten, fragte sie, ob sie mal eine Montessori-Klasse beobachten könne. Ich organisierte das mit der örtlichen AMI Primary Class und verabredete mich mit ihr, um am nächsten Morgen über das zu reden, was sie beobachtet hatte.

Ich hörte zu, wie sie die vielen Dinge beschrieb, über die sie erstaunt war. Sie selbst war als Waldorf-Kind aufgewachsen und nicht vor dem siebten Lebensjahr an akademische Themen herangeführt worden. Es überraschte sie, wie die Kinder in einem so jungen Alter sich gegenseitig unterrichteten und sich mit Mathematik, Lesen, Schreiben, Kontinent-Karten Puzzles beschäftigten, und so weiter. Ich merkte, dass etwas sie störte und fragte sie was es sei. Zögernd antwortete sie: „Nun, es war eine sehr schön Situation in vieler Hinsicht, aber wann dürfen die Kinder das machen, was sie wollen?"

Sie war sehr überrascht zu hören, dass die Kinder, nachdem sie in die Klasse kommen und die Lehrerin begrüßen, frei aus allen Materialien wählen dürfen, die sie verstehen. Sie konnte nicht glauben, dass die Kinder freiwillig Dinge ausgesucht hatten, die sie in traditionellen Schulen vielleicht meiden würden, wie Mathe, Sprache, Wissenschaft und Geographie.

Bis zum sechsten Lebensjahr absorbiert das Kind – umfassend, leicht, ohne Anstrengung und mit tiefer Zuneigung – alle Haltungen und Eindrücke seiner Umgebung. All das wird ein Teil von ihm und formt seinen Geist. Daher sind Eltern und Lehrer als Vorbilder die stärksten Einflüsse in diesen Jahren. Wenn zum Beispiel Freundlichkeit und Geduld, Genuss am Lesen, gute Manieren, Freude an Mathematik und Biologie in seiner Umgebung in diesem Alter präsent sind, so werden diese Haltungen und Handlungen für das Kind von großem Wert sein.

13

Wenn sie in diesem frühen Umfeld fehlen, kann vieles davon später immer noch gelernt werden, aber es wird nicht elementarer Teil der Persönlichkeit des Kindes sein.

Vor dem sechsten Lebensjahr werden die Lehren und Erfahrungen einer Kosmischen Erziehung im Wesentlichen durch viel Bewegung und sensorische Erlebnisse herbeigeführt. Neben diesen grundlegenden und extrem wertvollen praktischen Lebens- und Sinnes-Erfahrungen beginnt das Kind, über die Welt und das Wasser, Physik, Pflanzen und Tiere zu lernen, über die Vielfalt der Menschen auf der Erde, über Kunst, Tanz, Musik, Geometrie, Mathematik und Sprache. Bis Ende der ersten Entwicklungs-Stufe verfügt das Kind über eine lebendige Neugier und Zuneigung zu all diesen Wissensgebieten.

Maria Montessori hat die dem Kind eigene Empfänglichkeit für all diese Interessensgebiete erkannt, und fand, dass das junge Kind etliches begreifen konnte, was normalerweise als weit außerhalb seines Verständnis-Horizonts angenommen wurde, wenn nämlich Umgebung und Ausrüstung stimmten und eine Lehrerin da war, die dem Kind eine solche Erfahrung zugänglich zu machen verstand.

DIE WELT, 6 BIS 12+ JAHRE

In dieser zweiten Phase der Entwicklung sieht das Lernen über die Welt anders aus. Das Umfeld erweitert sich in diesem Alter. Statt die Welt ins Klassenzimmer zu bringen, gibt es Ausflüge, und die Kinder gehen raus in die Welt.

Je mehr eine Lehrerin der Grund- Mittel- und Oberstufen über die ersten drei Jahre weiß, umso Montessori-gemäßer (im Gegensatz zur „traditionellen" Lehrweise) wird ihre Methode sein. Je gefestigter die Lehrer von älteren Kindern in dem Wissen sind, dass Neugier, Forschen, Arbeiten, und Engagement natürliche menschliche Wesenszüge sind, umso wahrscheinlicher ist es, dass sie die Kinder von festgelegten Curricula befreien, um sie ihren Weg finden zu lassen, vollwertige und einzigartige Menschen zu werden. In dieser zweiten

Stufe (6-12 jährig), forscht das Kind intensiver mit seinem Geist und verfolgt Projekte, die Teamwork, Planung, Ausführung und Präsentation verlangen.

Sozialwissenschaftler sind sich heutzutage der Tatsache bewusst, dass standardisierte Curricula, wie sie in traditionellen Schulen geschätzt werden, ein Auslaufmodell darstellen. Wir wissen noch nicht einmal, welche Berufe in zehn Jahren noch relevant sein werden. Wie können wir uns einbilden zu wissen, wie wir ein Kind auf solch eine ungewisse Zukunft akademisch vorbereiten sollen?

Viele Listen von "Skills for the Future" (Zukunftskompetenzen) werden heutzutage aufgestellt. Häufig kommen darin vor: Exploration, maximales Engagement, die Fähigkeit sich zu konzentrieren und fokussieren, Selbst-Disziplin, mathematisches Denken, Respekt vor anderen, Teamfähigkeit, Umwelt-Fürsorge. Die meisten von uns werden sofort erkennen, dass genau diese Fähigkeit in einer echten Montessori-Umgebung gefördert werden.

Genau diese Dinge stehen im Zentrum des Montessori-Curriculums und haben Vorrang vor einem akademischen Curriculum. Wenn nicht, dann kann immer noch das veraltete Standard-Curriculum sein hässliches Haupt erheben und aus einer gewöhnlichen Schule eine bessere machen, aber eben keine Montessori-Schule. Lehrerinnen und Verwalter müssen außerordentlich viel Wissen über und Vertrauen in Montessori haben, um den Ansturm natürlicher elterlicher Ängste aufzuhalten vor dem, was passieren könnte, wenn der Tag nicht voll belegt ist mit von Lehrerinnen erstellten Anforderungen, Zeitplänen, Textbüchern und Hausaufgaben!

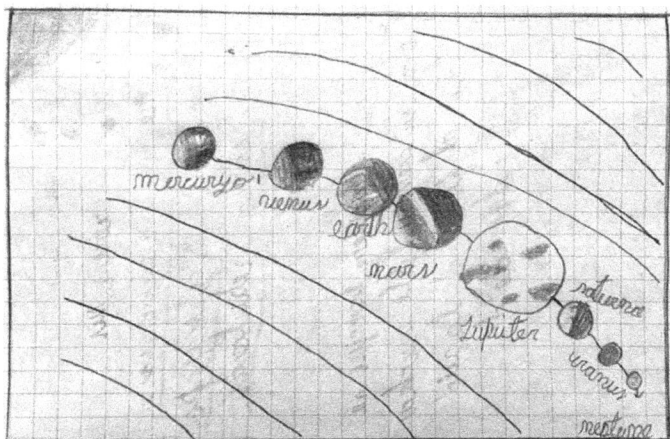

Das Fundament für akademische Bestandteile im Grundstufen-Curriculum der Kosmischen Erziehung wird sehr früh gelegt. Das Ziel der Montessori-Erziehung ab 6 Jahren ist es, das Kind mit einem ganzheitlichen Blick auf die Welt (globale Vision) auszustatten. Kinder nehmen naturgemäß an, dass alles, was sie sehen, immer schon da war. Sie brauchen Hilfe zu verstehen, wie anders das Leben im Laufe der Zeiten war. In diesem Alter wendet sich ihre Erforschung der Umwelt, statt eingeschränkt zu sein auf das, was hier und jetzt mit den Sinnen erfasst werden kann, zurück in die Vergangenheit und hinaus ins Universum mit den Mitteln der Vorstellungskraft. Diese Fähigkeit ist nicht Teil der ersten Entwicklungsstufe von 0 – 6 Jahre.

17

In den ersten zwei Wochen der Klassenstufe 6-12 erhalten alle neuen Schüler großartige Einführungs-Kurse über die Entstehung des Sonnensystems und der Erde, über die Vielfalt und Evolution von Pflanzen und Tieren, über die Phasen der menschlichen Existenz, die Entwicklung von Sprache und Mathematik und über die Art und Weise, wie all diese Elemente des Lebens miteinander verwoben sind. Die älteren Kinder nehmen fast immer gerne freiwillig Teil an diesen Stunden, und wenn die Sechsjährigen sehen, wie spannend die älteren das immer noch finden, macht das den Unterricht noch interessanter. Die Wertschätzung für das Universum berührt auf dem Wissen, dass es nicht immer da war. Allmählich entwickeln die Kinder Verständnis und Dankbarkeit für das große Ganze und ihre Rolle darin.

Abgesehen von wenigen Länder-spezifischen oder staatlichen Vorschriften für diese sechs Jahre, hat das Kind viel Freiheit, seinen eigenen Kurs durch das große Wissens-Labyrinth auf der Erde zu finden. Dies zu beobachten, ist der aufregendste Aspekt beim Unterrichten der Grundschulkinder, denn je älter das Kind wird, umso weniger Kontakt zum Erwachsenen benötigt es in einer Montessori-Klasse. Wir sind als Lotsen für die Kinder da, um Kontakt mit Experten und Zugang zu Wissensquellen herzustellen, die weitere Forschung und Kreativität fördern. Wir schränken sie nicht ein mit Stundenplänen voller Vorschriften oder mit anderen Vorgaben.

Allerdings müssen wir in der Lage sein, den Eltern das zu erklären. Am Ende wird es die Leistung des Kindes sein, das mit dieser Freiheit viel weiter gehen wird als alles, was wir von ihm hätten verlangen können. Das wird die Eltern und die Welt überzeugen von dem Wert dieser Art von offener, unkonventioneller Erziehung. Vielleicht wird auch genau das helfen, die Probleme unserer sich immer schneller verändernden Welt zu lösen.

Hier ein Beispiel für den Unterschied anhand des Geographie-Unterrichts. In einer traditionellen Schule würde die Lehrerin zum Beispiel jedem Kind, oder einer Gruppe von Kindern die Aufgabe geben, ein Land der Welt auszusuchen und über dieses zu recherchieren. Danach wird das Kind vielleicht eine Arbeit darüber schreiben, welche die Lehrerin liest und auswertet, oder das Kind präsentiert sie der Klasse. Das ist jedoch vom Erwachsenen bestimmtes Arbeiten und nicht die Wahl des Kindes.

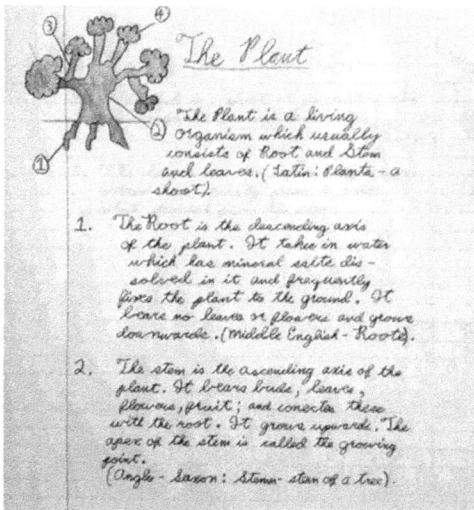

In einer Montessori-Klasse, die ich in Kalifornien unterrichtete, kam ein Schüler zu mir nach einem Ausflug, bei dem wir in einem Kulturzentrum die örtliche Fauna studierten. Das Kind hatte entdeckt, dass die Sierra Miwok-Ureinwohner Amerikas Eicheln von der Färbereiche (black oak) als Nahrung gesammelt hatten. Er wollte wissen, was andere Ureinwohner Amerikas gegessen hatten - und dann mehr über die Unterschiede im Alltag der verschiedenen indigenen Gruppen.

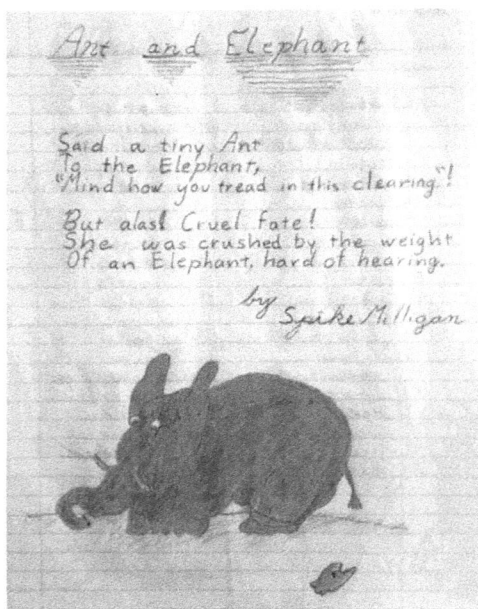

Ich erinnerte ihn an die Zivilisations-Diagramme, die ein anderes Kind zum Lernen über das antike Rom benutzt hatte. Das führte zu Arbeiten von anderen Kindern über andere Ureinwohner Amerikas, was wiederum zum Nachdenken anregte, warum sie sich dort angesiedelt hatten, führte dann zu einem neuen Blick auf die Beringstraße, dann die Eiszeit, und dann zu den Gründen hinter der Migration verschiedener Zivilisationen durch die ganze Geschichte.

Montessori-Kinder in diesem Alter zu unterrichten legt weniger Wert darauf, mehr zu wissen als die Schüler, sondern darauf, ihre Imagination und natürliche Neugier zu entfachen. Es braucht dazu die Fähigkeit, aufmerksam kleinste Zeichen von Interesse aufzuspüren und daraufhin Werkzeuge zum Weiterforschen anzubieten, aber diese nicht zu bestimmen.

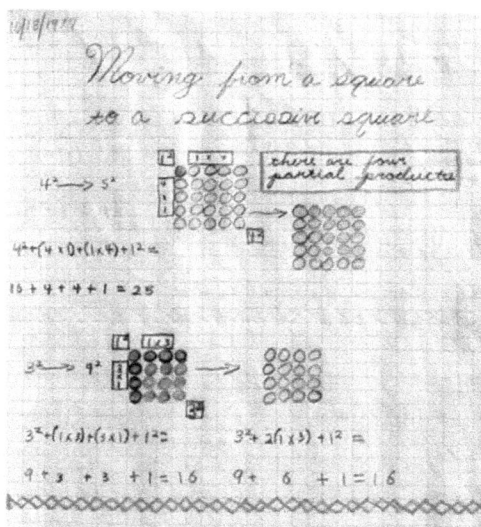

Von dieser Freiheit, den Weg des Lernens zu verfolgen, soweit es einen zieht, werden Lehrerinnen gelegentlich Abstand nehmen, weil sie nicht wissen, wie sie den Lernprozess verfolgen können oder aus Sorge, dass es dem Kind selbst nicht gelingt, die Übersicht bei seiner Arbeit zu behalten. Allerdings besteht außer der Erfüllung von wenigen lokalen akademischen Vorschriften für die Jahre 6-12, welche dem Kind auch ständig zur Verfügung stehen, keine Notwendigkeit, diesen Forschungsdrang einzuschränken, indem alles dokumentiert wird. Wie weit wären wohl Leonardo da Vinci oder Einstein gekommen, wenn sie gezwungen gewesen wären, alles, was sie machten, aufzuzeichnen?

Sie dokumentieren das was sie sich merken wollen.

Kinder tun das gleiche. Sie werden bedeutende Entdeckungen in Journalen festhalten, mit sorgfältigen Zeichnungen, schöner Schrift und sogar dekorativen Randbemalungen.

Diese natürliche Neugier und Lust darauf, mehr und mehr zu lernen, zeigen sich in Montessori-Schulen auf der ganzen Welt, wenn sie unterstützt werden von einem Montessori-Umfeld und Montessori-Lehrmethoden.

Wenn Journale bzw. Tagebücher schöne Aufzeichnungen aus sechs Jahren in einer Klasse sind (statt nur schnell und schlecht geschriebene Protokolle), dann entwickeln die Kinder dabei künstlerische Fähigkeiten weiter, die in der Grundstufe begonnen wurden, verbessern ihre Schreibschrift und ihre Druckschrift (beides heute sehr wichtig), und sie haben damit etwas in der Hand, was sie mit Stolz ihren eigenen Kindern oder ihren Schülern zeigen können, wenn sie erwachsen sind. Diese Journale zeigen eine Bilanz der Arbeit der Jahre 6-12 auf besonders schöne Weise und werden viele Jahre aufbewahrt, weil sie so interessant und ansprechend sind.

Alle Wissensgebiete werden früher oder später von jedem bis zu einem gewissen Grad erforscht, entweder durch eigene Recherchen oder durch Beobachtung und Freude an der Auswahl, den Erkundungen und Präsentationen von Arbeiten anderer Schüler in der Gruppe.

In einem Vortrag an der Universität von Amsterdam 1950 sagte Dr. Maria Montessori:

> *Es muss uns klar sein, dass aufrichtiges Interesse nicht erzwungen werden kann. Deswegen sind alle Bildungsmethoden, die auf von Erwachsenen ausgewählten Interessensgebieten basieren, falsch. Vielmehr sind sie sogar überflüssig, denn das Kind interessiert sich für alles.*

> *Kinder sind von einem ganzheitlichen Blick auf kosmische Ereignisse fasziniert, und ihr Interesse konzentriert sich schnell auf einen speziellen Aspekt davon als Ausgangspunkt für intensiveres Lernen. Weil alle Teile miteinander verbunden sind, werden sie alle früher oder später unter die Lupe genommen. Auf diese Weise geht der Weg vom Ganzen über die Teile zurück zum Ganzen.*

DIE WELT ZU EINEM BESSEREN ORT MACHEN

In einem Montessori-Umfeld, zu Hause und in der Schule, gibt es einfache, tägliche *kosmische Aufgaben*, anderen zu helfen und sich um die Umgebung zu kümmern. Diese einfachen freundlichen Gesten, die die Welt zu einem besseren Ort machen, werden nicht vorgeschrieben; die Kinder suchen nach etwas, das sauber gemacht oder gepflegt werden muss, oder nach anderen Kindern, die Hilfe benötigen. Eine gestaffelte Alters-Gruppierung und eine geringe Quote von Erwachsenen zu Kindern ist hier förderlich, so dass die Kinder lernen, sich für Hilfe aufeinander zu beziehen.

Bei einer Schul-Beratung in Moskau sah ich ein älteres Mädchen, das ein jüngeres dabei beobachtete, wie es Schwierigkeiten hatte, mit einer Schere Blumenstiele für ein

Gesteck zu schneiden. Sie näherte sich, beobachtete und fragte dann höflich, ob es Hilfe brauchte. Sie hat sich nicht aufgedrängt, oder unterbrochen, sondern um Erlaubnis gefragt. Hilfsangebote wie diese sind Usus in Montessori-Umgebungen rund um die Welt.

Die Entdeckung der Kosmischen Erziehung und der eigenen kosmischen Aufgabe hängt von der Förderung der Neugier ab und von der natürlichen Veranlagung, von Geburt an Mitgefühl mit anderen Wesen zu empfinden. Es gibt Beweise dafür, dass die natürliche Neugier und Verantwortungsgefühl gegenüber anderen, oder auch Mitgefühl (das teilnahmsvolle Bewusstsein für die Not anderer zusammen mit einer Neigung, sie lindern zu wollen) lange, bevor das Kind die Grundschule betritt, beginnt. Der Wunsch, nützlich und hilfreich zu sein und sich um das Glück der Anderen sorgen zu wollen, muss nicht gelehrt werden; es ist grundlegender Teil des menschlichen Wesens und kann auch bei sehr jungen Menschen festgestellt werden.

Das Kind wird eine Art Philosophie entwickeln, die ihm die Einheit des Universums lehrt. Genau das hilft ihm, seine Intelligenz zu ordnen und ihm einen besseren Einblick in seinen Platz und seine Aufgaben in der Welt zu vermitteln.

— Montessori, Internationale Montessori Konferenz, Amsterdam, 1950

EINE BESSERE WELT,
GEBURT BIS 3 JAHRE

Es ist Teil der menschlichen Persönlichkeit, von Geburt an andere zu beobachten und ihnen helfen zu wollen.

Als Teil meines 0-3 Trainings wohnte ich im *Cristo Re* Hospital in Rom, Italien, Geburten bei. Eine der Frauen, die ich beobachtete, war gut geschult in Respiratory Autogenic Training (Autogenes Atem-Training) als Geburts-Vorbereitung, einer Methode, die immer noch Teil mancher Ausbildungskurse zum assistant to infancy (Kindheits-Assistenten) ist. Und obwohl es ihr erstes Kind war, war diese junge Frau so gut darin geübt, sich zwischen den Kontraktionen zu entspannen, dass die Geburt beinah schmerzlos geschah und ihr Kind viel friedlicher zur Welt kam als meist üblich.

Es war damals Praxis, das Neugeborene nach der Geburt für eine Weile in ein warmes Bett im Säuglingssaal zu legen. Ich beobachtete ein Baby, das noch gar nicht geschrien hatte, wie es sich in das Bett schmiegte und friedlich wieder einschlief. Dann begann es plötzlich laut zu heulen, weil ein anders Baby im Saal angefangen hatte zu schreien.

Seitdem habe ich ähnliche Beobachtungen von vielen Menschen gehört. Ich habe gesehen, wie sehr junge Babys die Gesichter von Erwachsenen spiegeln: ich gucke böse, er guckt böse; ich stecke meine Zunge raus, er macht es auch; ich lächle oder lache, er lächelt oder lacht.

Eines Tages filmte ich Kinder einer Säuglings-Gruppe in Denver, Colorado. Irgendwann konnte man draußen in der Ferne ein Kind weinen hören. Plötzlich stand der kleine Junge, den ich filmte und der nicht älter als zwei Jahre gewesen sein konnte, von seinem Tisch und Stuhl auf und meldete in die Runde: „Jemand braucht Hilfe!"

Indem wir Vorbilder geben, können wir Kindern in diesem Alter helfen, wertschätzender mit anderen zu reden. Ständig „erinnert" zu werden, „Danke" zu sagen, verwirrt nur das Kind, weil es zu erwarten beginnt, erinnert zu werden und dies als Tadel auffasst. Stattdessen setzen wir Beispiele mit „Würdest du gerne…?", „Könntest du bitte…?", "Danke sehr". Und die Kinder fangen an, uns nachzumachen.

Alltägliche Tätigkeiten wie Sich-Anziehen, den Tisch decken, Essen zubereiten, Geschirr spülen, Tiere füttern, Staub wischen oder Salat putzen, einem andern Kind helfen, seine Jacke

anzuziehen oder die Schuhe zu binden, all das festigt die
Gewohnheit, anderen zu helfen.

Die Zubereitung von Mahlzeiten für eine Gruppe, die
Familie, oder die Klasse, wie es dies australische Kind im
obigen Bild macht, vermittelt Praxis in Konzentration,
bestimmten Fertigkeiten, und in der Fürsorge für andere.
Alltägliche Tätigkeiten und höfliche Sprache nehmen viel Platz
ein im Tagesablauf der Montessori-Stufen 0-3 und können auch
leicht zuhause geübt werden.

Beides gibt dem King Gelegenheiten, die Welt zu einem
besseren Ort zu machen.

EINE BESSERE WELT, 3 BIS 6 JAHRE

Im Montessori-Kinderhaus (Alter 3-6) gehören die Fürsorge füreinander und für die Umgebung zu den ersten Lektionen. Die Kinder lieben es, diese Fähigkeiten zu meistern. Wenn er dies nicht schon früher gelernt hat, lernt er hier die Zubereitung von Mahlzeiten und das Anrichten von Essen an einem besonderen Platz, um es mit Freunden zu teilen.

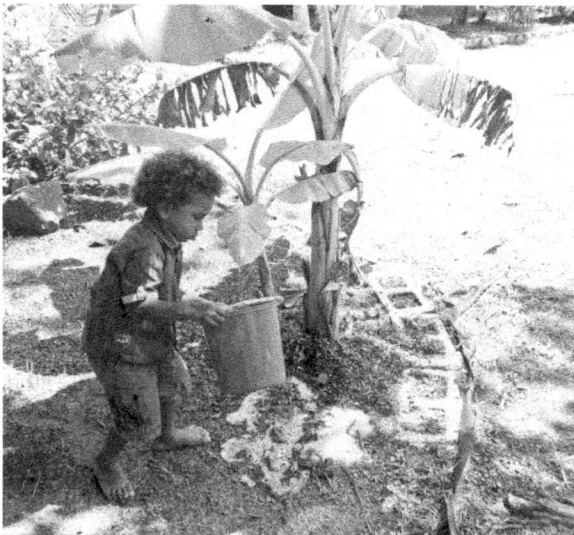

Die Kinder lernen die Pflege von Pflanzen und Tieren, die zu Besuch kommen, sich um ihre Materialien zu kümmern, sie zu reinigen und in perfektem Zustand wieder ins Regal zu räumen für das nächste Kind – ein erster Akt sozialer Fürsorge.

Sie lernen, sich achtsam im Raum oder am Tisch zu bewegen, wo andere arbeiten, um die Konzentration ihrer Freunde nicht zu stören.

In manchen Ländern gehört es zum Aufwachsen dazu, Tätigkeiten zu lernen, die gute Umgangsformen und Mitgefühl und Fürsorge einüben, sowohl zuhause als auch in der Schule. Das obige Bild ist z.b. aus einem thailändischen Kinderbuch „The Thai Way of Grace and Courtesy" („Die Thailändische Art von Anmut und Höflichkeit")

Dieses Buch findet sich in traditionellen Schulen im ganzen Land. Und genau, wie wir es auch in Montessori praktizieren, „lehrt es durch Lehren statt durch Korrigieren".

Beim Stöbern in diesem Buch sieht das Kind z.b. ein Bild von einem Kind, das steht und auf ein anders Kind geduldig wartet, während dieses mit einer Lehrerin spricht; ein anderes Kind beugt sich leicht nach vorne, wenn es an einem älteren Mensch vorbei geht (weil es als Zeichen des Respekts vorm Alter gilt, den eigenen Kopf nicht höher als die ältere Person zu tragen); sich an einem Geländer festhalten oder die Hand eines anderen Kindes halten, während man eine Treppe hoch geht; die Hände korrekt zusammen halten beim Grüßen einer andern Person; beide Hände benutzen, wenn man einer Person etwas gibt; die höflichste Form eines Dankeschöns nutzen, wenn man etwas von einer anderen Person empfängt. In Thailand gebraucht man unterschiedliche Sprach-Formen, wenn man mit Gleichgestellten oder Klassenkameraden, Eltern, Lehrern oder Geistlichen redet. Ebenso ändert sich dabei die Form der Entschuldigung. Man spricht möglichst sanft und leise statt laut zu werden, selbst wenn man einem Freund dankt, der einen daran erinnert nicht zu schreien!

Es gibt ein Bild von mehreren Kindern an einem Schultisch, während eines von ihnen die Hand hebt. Der Text dazu erinnert daran, zuzuhören und zu warten, bis die Person fertig ist mit Reden, bevor man selber die Hand hebt; dazu drei Kinder, die ihre Hände auf ihre Ohren drücken, während jemand anderes spricht. Der Text dazu erklärt „Wir hören nicht zu, wenn jemand Böses über andere erzählt, das verletzend sein könnte."

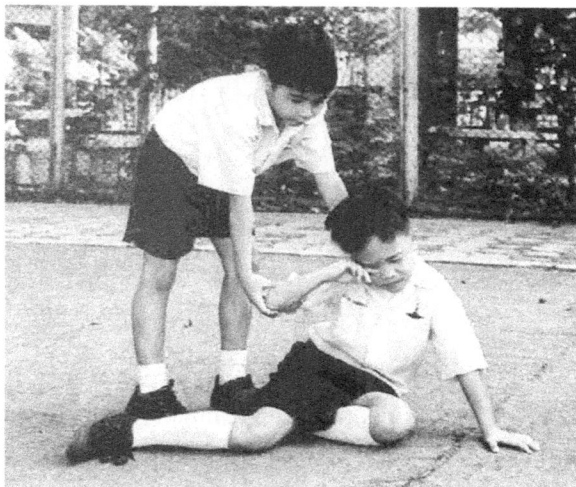

Und in dem Bild oben ist die Botschaft klar, nämlich anderen zu helfen, wenn sie es benötigen.

Neben diesen konkreten Handlungen, gibt es auch einen Abschnitt über „Anmut und Höflichkeit des Geistes", mit Bildern und Texten die Kinder daran erinnern, sich darin zu üben, an andere zu denken und ihnen zu helfen; zu verstehen versuchen, warum andere so handeln, wie sie es tun; froh zu sein über den Erfolg anderer statt neidisch oder eifersüchtig zu reagieren; dazu ein Bild einer Mutter mit Kind, die in traditioneller Thai-Art auf dem Boden sitzen, sich einander zulächeln, während die Mutter sagt, „Die Person die das Glück von innen heraus finden kann, ist weise."

Dieses Thai-Buch ist für Kinder ab sechs Jahren, denn dies ist das Alter, in dem sie ein besonderes Interesse an Fairness und Gerechtigkeit entwickeln und darüber gerne miteinander sprechen. Ich füge das in dieses Kapitel ein, weil dieser Aspekt des praktischen Lebens, nämlich „Anmut und Höflichkeit", einen wichtigen Platz einnimmt im Alltag eines Montessori-Umfelds für Kinder in den ersten sechs Lebensjahren.

Dies wird zunächst von Erwachsenen vorgelebt (modeling), später in Kleingruppen gelehrt und eingeübt, wo wir kleine Szenen mit guten Manieren spielen, wie zum Beispiel ein Objekt weiter gereicht wird mit „Dankeschön" und „Bitteschön" sowie die vielen anderen Formen von Rücksichtnahme, die Kinder gerne meistern.

In den ersten sechs Lebensjahren nehmen Kinder alle guten (oder schlechten) Umgangsformen an, die sie in ihrem Alltag zuhause und in der Schule vorfinden.

DIE WELT ZU EINEM BESSEREN ORT
MACHEN, 6 BIS 12+ JAHRE

Lehrerinnen von älteren Kindern, die diese natürliche Neigung zu Anteilnahme und Mitgefühl bei Kindern in deren ersten sechs Jahren erlebt haben, werden gut verankert sein im Wissen über die Bedeutung des „Modeling" / des Vorlebens. Sie werden die Gelegenheiten schätzen, wo sie einander behilflich und nützlich sein können über den Rahmen eines veralteten Curriculums hinaus.

In diesem Alter gibt es ein natürliches Interesse an Fairness und Gerechtigkeit im Klassenzimmer und in der Welt draußen. Der Grad der Bereitschaft, Sorge füreinander und für Pflanzen und Tiere zu tragen und in die Welt hinaus zu gehen, ist viel höher. Sie können Strände und Flussbetten säubern, Obdachlosen essen bringen, ihre eigene Mahlzeiten bereiten, und die Schule aufräumen. Diese Dinge müssen in diesem Alter lebendig erhalten werden, auch wenn die Versuchung lauert, sich auf das akademische Curriculum zu konzentrieren.

Wir neigen als Eltern schnell dazu, alle Arbeiten zuhause selbst zu machen. „Mach du deine Hausaufgaben, keine Sorge. Ich kann das Geschirr spülen, ich werde Küche und Bad saubermachen., auf deine kleine Schwester aufpassen, staubsaugen, die Wäsche machen, u.s.w." ... und werden uns dann ärgern, weil die Kinder sich nicht an der Hausarbeit beteiligen.

Wenn wir das Ungleichgewicht bemerken, wenn wir sehen, dass wir unsere Kinder nicht auf das wirkliche Leben, auf eine Beziehung oder Familie vorbereiten, könnten wir versucht sein, ihnen Befehle zu erteilen oder sie mit übertriebenem Lob zu belohnen, mit "Sternchen" oder mit Geld. Um wie viel einfacher, respektvoller und angenehmer wäre es andererseits, von früh an die Gewohnheit zu fördern, in der Familie die tägliche Hausarbeit zusammen zu tun.

Montessori Eltern und Lehrer sind sich der Wichtigkeit bewusst, Kinder und junge Erwachsene reale, wichtige, hilfreiche Arbeit ausführen zu lassen als Gegengewicht zur Schularbeit. Dennoch findet man wegen gesellschaftlichem Druck sogar in exzellenten Montessori-Klassen der Jahre 6-18 eine Überbetonung und Verausgabung wertvoller Zeit und Energie für das Akademische, und die wichtigen Alltags-Aufgaben, wertvolle Beiträge zum Wohle der Gemeinschaft, werden den Erwachsenen überlassen.

Als ich als Beraterin in einer Grundschulklasse in Moskau tätig war, wurde ich gefragt, wie man mehr praktische Alltagsarbeit, nützliche Arbeit in die Klasse in dieser Schulstufe hinein bringen könnte. An jenem Tag begann eine Assistentin, die Lager-Regale aufzuräumen, und zwei Kisten mit Stühlen waren angekommen, die nach dem Unterricht zusammengebaut werden mussten. Ich schlug vor, dass Lehrein und Assistentin sich sorgfältig dabei beobachten sollten, was sie so im Laufe des Tages selber tun, und alles, was von einem Kind gemacht werden könnte, an dieses übergeben.

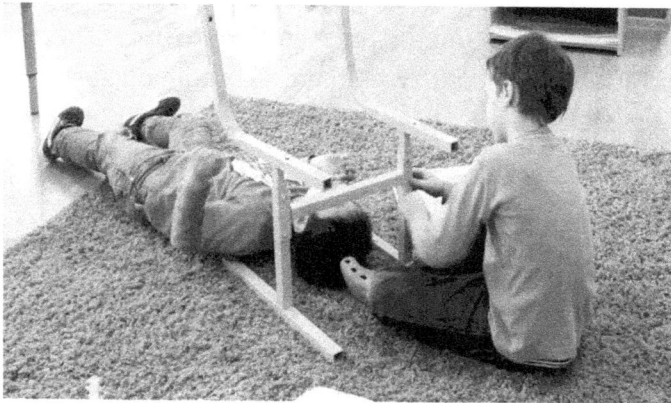

The Am nächsten Tag ordnete ein Schüler die Lagerregale viel umfassender und sorgfältiger als Erwachsene es vielleicht getan hätten, und zwei andere Schüler hatten die Metallteile der neuen Stühle auf Matten ausgebreitet und waren dabei, sie gemäß der Anleitung zusammen zu bauen.

—Susan Mayclin Stephenson,

Montessori and Mindfulness, (page 141)

Es ist ganz klar, dass die Beherrschung des akademischen Stoffs ab sechs Jahren durch die Mittel- und Oberstufe sehr wichtig ist. In Montessori-Klassen ist es in diesen Jahren, wie wir gesehen haben, von grundlegender Bedeutung, kontinuierlich bestrebt zu sein, Vergangenheit, Gegenwart und die Implikationen für die Zukunft bei allen akademischen Fächern zu verstehen und zu begreifen, wie sie miteinander verbunden sind, und was die eigene Rolle in diesem System sein könnte, die eigene *kosmische Aufgabe*.

Praxismöglichkeiten zur Ausbildung und Verfeinerung der Alltags-Fähigkeiten anzubieten - wie Essen zubereiten, aufräumen, seine Umwelt, Pflanzen und Tiere pflegen, sich um die eigenen Bedürfnisse kümmern, Wege suchen, anderen zu helfen und mit ihnen zusammen zu arbeiten, reale Probleme materieller, räumlicher, temporärer, sozialer Natur angehen, und kreative Lösungsansätze dafür entwerfen, und viel mehr – sind essentialer Bestandteil der Vorbereitung unserer Jugend, um die Welt zu einem besseren Ort zu machen.

ZUSAMMENFASSUNG

*Das Kind, das eine starke Liebe zu seiner
Umgebung und zu allen Lebewesen empfunden und
das Freude und Enthusiasmus in seiner Arbeit
entdeckt hat, ist Grund zu der Hoffnung, dass sich
die Menschheit in eine neue Richtung entwickeln
kann. Unsere Hoffnung auf zukünftigen Frieden liegt
nicht in dem formellen Wissen, dass der Erwachsene
an das Kind weiter geben kann, sondern in der
normalen Entwicklung des neuen Menschen.*

*Genau das ermöglicht uns den Glauben daran,
dass noch eine große Möglichkeit vor uns liegt, dass
es noch eine Hoffnung gibt für unsere Rettung,
nämlich eine normale Entwicklung, die
glücklicherweise nicht davon abhängt, was wir
versuchen, dem Kind beizubringen. Was wir tun
können, ist, dieses Phänomen zu untersuchen mit
wissenschaftlicher Objektivität, die Fakten zu
studieren, die es bestimmen, herauszufinden, welche
Bedingungen es hervorbringen, und diesem Pfad zur
Normalität zu folgen. Was wir tun können und
müssen, ist, eine Umgebung herzustellen, die die
richtigen Bedingungen für diese normale
Entwicklung bereitstellt.*

*Die Energie eines Kindes, einmal aufgeweckt,
entwickelt sich nach seinen eigenen Regeln und hat
auch auf uns eine Wirkung. Der bloße Kontakt mit
einem Menschen, der sich so entwickelt, kann auch
zur Auffrischung unserer Energie beitragen. Das
sich harmonisch entwickelnde Kind und der sich zum*

*Positiven verändernde Erwachsene an seiner Seite
geben ein aufregendes und attraktives Bild ab.*

*Das ist der Schatz, den wir heute brauchen –
Kindern helfen, unabhängig von uns zu werden und
ihren eigenen Weg zu suchen und im Gegenzug ihre
Gaben von Hoffnung und Licht zu erhalten.*

*In diesem neuen Szenario wird der Erwachsene
nicht nur als Erbauer der äußerlichen Welt
erscheinen, sondern noch wichtiger als Beschützer
der moralischen und spirituellen Kräfte, die in jedem
neu geborenen Mensch wieder erscheinen.*

—Montessori, *Education and Peace*

DIE AUTORIN

Susans erste Erfahrung auf dem Gebiet der Erziehung waren als Oberstufen-Nachhilfe-Lehrerin in Latein und als Schüler-Beraterin einer High-School. Nachdem sie 1968 Montessori entdeckte, erwarb sie ihre AMI Montessori Lehrer-Diplome für Geburt bis 12 Jahre und arbeitete als Montessori-Lehrerin und Schulleiterin. Sie war Teil einer Studie zur Gründung der ersten Montessori Farm-Schule für Heranwachsende in den USA und Herausgeberin von „The Erdkinder Newsletter".

Susan hat über 70 Länder bereist und gab in mehr als der Hälfte davon Montessori-Ideen weiter, mit Vorträgen in Universitäten, für staatliche Bildungsbehörden, bei Suzuki-Konferenzen über Musik, Bildung und häuslichen Unterricht, sowie bei Montessori-Trainings für Lehrkräfte. Sie hat als Beraterin für Montessori-Schulen, Waisenhäuser, Schulen für Geflüchtete, Arme und Notleidende gearbeitet, wie auch für Schulen ohne Montessori-Materialien. Sie ist eine internationale Prüferin für Montessori-Diplomkurse, sie ist Musikerin und Malerin. Ihre Bilder und Drucke hängen in privaten Häusern, Institutionen und Büros auf sechs Kontinenten, und finden sich auf den Umschlägen vieler ihrer Bücher.

Susan hat Abschlüsse in Philosophie, Pädagogik, Welt-Religionen, und sie hat bei Dr. Howard Gardner an der Harvard Graduate School of Education seine Theorie der *"Multiplen Intelligenzen"* studiert.

Susan ist voller Dankbarkeit für ihre Montessori-Mentoren und -Erfahrungen, und für alle Mitarbeiter und Übersetzer bei ihren Büchern. Susan ist Mutter und Großmutter und lebt mit ihrem

Ehemann an der Nordküste Kaliforniens, immer wieder inspiriert durch die Ruhe und Schönheit der Mammut-Bäume und des Pazifischen Ozeans.

Webseite: www.susanart.net

Blog: www.susanmayclinstephenson.net

BOOKS IN ENGLISH BY THIS AUTHOR

The Joyful Child: Montessori, Global Wisdom for Birth to Three

This book truly reflects the spirit and purpose of Montessori in a way that makes the philosophy translatable to both new parents and veteran Montessorians. Susan's extensive experience and her world travels resonate as she explores the universal, emotional, and psychological depths that construct the child's development.

—Virginia McHugh, past Executive Director of The Association Montessori International USA (AMIUSA)

Child of the World: Montessori, Global Education for Age 3-12+

Stephenson's volume is a wonderful resource for parents seeking thoughtful, sound advice on raising well-grounded children in a chaotic world. Presenting Montessori principles in clear and eloquent prose, Stephenson's legacy will be a tremendous service to generations of parents to come.

—Angeline Lillard, PhD, professor of psychology, University of Virginia, author of *Montessori, The Science behind the Genius*

The Red Corolla, Montessori Cosmic Education (for age 3-6+)

In the section of this book on physics she shares how to do many science experiments, describing how to set up the science experiments and give presentations. The book also deals with botany, zoology, music, geography, art, and history. If 3-6-year-old children can experience as much as possible of these materials, they have created a lovely foundation for the Cosmic Education of the elementary years.

—Judi Orion, Director of Pedagogy, Association Montessori Internationale (AMI)

41

The Universal Child, Guided by Nature

Simple, elegant, inspiring. Susan Stephenson carries Dr. Montessori's vision of education for peace forward with this lovely, simple book about what we can all recognize as universal in our make-up as human beings. Those things that ought to (and can) bring us to a place of great respect for children through positive, intelligent engagement with them the world over.

—Gioconda Bellonci, Montessori parent and teacher

Montessori and Mindfulness

The author writes with such clarity and simplicity yet takes on the complexity of Montessori philosophy and contemporary thoughts on mindfulness with such grace and care. Her overall theme that personal fulfillment leads to care for others and for our environment echoes throughout each chapter and creates a wonderful symbiosis of Montessori thought and mindfulness practices, with personal stories throughout

—Lynne Breitenstein-Aliberti, Association Montessori Internationale, United States (AMIUSA)

No Checkmate, Montessori Chess lessons for Age 3-90+

This book can tell you how to teach chess to any child, but, you can use this book as an insight to teach your child anything, using the Montessori method. If you are not interested in learning chess this book is still a gold mine of knowledge and insight into the Montessori method and how to offer any skill to a child. As always, this author welcomes you into the world of the child and how to help spark their interest.

—Joanne King, Montessori teacher and consultant, the Netherlands

I can wholeheartedly recommend this book. I had a child in my elementary class who was determined to teach every child to play chess. However she found it hard to slow down and would get frustrated that they could not just pick up the game after a simple explanation of what each piece does. I gave her your book from our class library and it significantly improved her chess teaching and also her relationship with others.

—Rachel Ammendsen, Dublin, Ireland

Montessori Homeschooling, One Family's Story

Our English department teachers read Montessori Homeschooling, One Family's Story *and then made a presentation to all the Middle and High School staff. It was very impressive for the whole group of teachers. When students recognize the purpose and are a fundamental part of what they are learning, they are more likely to dig deeper, and find ways to learn about what is important and relevant to them.*

Teachers have come to nurture our students' desires and help them connect to their passions and interests.

—The English teachers, Montessori Colegio Bilingue, Cali, Colombia

Each chapter describes one year from kindergarten through twelfth grade. They had four guidelines: keep the developmental stage in mind, prepare the environment and offer work, observe to see if it is working, and lastly, adapt and "follow the child." This Montessori-inspired schooling centered in the family ended with acceptance at Brown University. It is a triumph for all families to witness.

—David Kahn, Director Emeritus of The North American Montessori Teachers Association (NAMTA), Montessori adolescent consultant

43

Aid to Life, Montessori Beyond the Classroom

This is a wonderful book about Montessori and how it is being used in many countries. We will be translating it into French.

—Victoria Barres, Association Montessori Internationale representative to UNESCO, The United Nations Educational, Scientific and Cultural Organization. Paris, France

Please Help Me Do It Myself, Observation and Recordkeeping for the Primary and Elementary Class

I can never be reminded too often of speaking to the young people as I would a colleague. I will carry your reminder with me.

—Paul Pillai, Montessori teacher of young adults in the UK

Having been out of the classroom for two years, as I read this book I thought to myself "It is though I am in a refresher course". Thank you for writing this book.

—Adebanke Foloye, Nigerian AMI 3-6 and 6-12 teacher

Brief Montessori Introductions Series

#1— Montessori Cosmic Education

#2— Beginnings, Montessori Birth to Three Comparison with Traditions in Bhutan

Montessori Kosmische Erziehung

Die Entdeckung einer globalen Vision und einer kosmischen Aufgabe durch das Kind

Serie: Kurze Einführungen in die Lehre Montessoris

© 2023 Susan Mayclin Stephenson

Übersetzung:
Paul Kustermann & Susanne Stallmann, Berlin, Germany

Dieses Buch basiert auf einem Artikel der Autorin, "*Cosmic Education: The Child's Discovery of a Global Vision and a Cosmic Task*" herausgegeben von der *North American Montessori Teachers' Association, (NAMTA Journal, v40 n2 p151-163 Spr 2015)*. Eine frühere Ausgabe ist erhältlich als Buch *The Red Corolla*, sowie auf der ERIC Webseite (*Institute of Educational Sciences, ED.gov*).

Michael Olaf Montessori Company
PO Box 1162
Arcata, CA 95518, USA
www.michaelolaf.net
michaelolafcompany@gmail.com

Für Übersetzungs- und Veröffentlichungs-Anfragen im Ausland kontaktieren Sie bitte:
michaelolafbooks@gmail.com

Mehr Information zu Montessori
www.montessori.edu

ISBN 9 978-1-879264-34-2

Buchumschlag: Tagebucheitrag eines 9jährigen Montessori-Schülers, der die gemeinsame Wechselbeziehung bestimmter Themen aufzeichnet, hier grammatische Einzelheiten der Sprache in Alt-Ägypten. Aus dem Buch "Montessori Homeschooling, One Family's Story" (S. 113)

Illustrationen: Von der Autorin und Freunden.